BEI GRIN MACHT SICH IHR WISSEN BEZAHLT

AF149984

- Wir veröffentlichen Ihre Hausarbeit,
  Bachelor- und Masterarbeit

- Ihr eigenes eBook und Buch -
  weltweit in allen wichtigen Shops

- Verdienen Sie an jedem Verkauf

Jetzt bei www.GRIN.com hochladen
und kostenlos publizieren

Annegret Busse

Die Staatsbürgerschaften in der europäischen Gesellschaft

GRIN Verlag

Bibliografische Information der Deutschen Nationalbibliothek:

Die Deutsche Bibliothek verzeichnet diese Publikation in der Deutschen National-
bibliografie; detaillierte bibliografische Daten sind im Internet über http://dnb.d-
nb.de/ abrufbar.

Impressum:

Copyright © 2008 GRIN Verlag GmbH
Druck und Bindung: Books on Demand GmbH, Norderstedt Germany
ISBN: 978-3-656-43744-4

Dieses Buch bei GRIN:

http://www.grin.com/de/e-book/213813/die-staatsbuergerschaften-in-der-europaei-
schen-gesellschaft

GRIN - Your knowledge has value

Der GRIN Verlag publiziert seit 1998 wissenschaftliche Arbeiten von Studenten, Hochschullehrern und anderen Akademikern als eBook und gedrucktes Buch. Die Verlagswebsite www.grin.com ist die ideale Plattform zur Veröffentlichung von Hausarbeiten, Abschlussarbeiten, wissenschaftlichen Aufsätzen, Dissertationen und Fachbüchern.

Besuchen Sie uns im Internet:

http://www.grin.com/

http://www.facebook.com/grincom

http://www.twitter.com/grin_com

Inhaltsverzeichnis

1. Einleitung

Das Problem der Staatsbürgerschaft ist eines der meist diskutierten Themen der europäischen Gesellschaft in den letzten Jahrzehnten. Schon immer ging es um die Frage, inwiefern ein Mensch Mitglied eines Landes ist beziehungsweise sein kann. Vor allem durch die geschichtlichen Ereignisse der zwei Weltkriege beschäftigte man sich intensiver mit dieser Thematik. Die Verhältnisse zwischen den Staaten und den dort lebenden Individuen gaben Anhaltspunkte, welche zu bedenken waren. So führten verschiedenste Entwicklungen auf globaler Ebene nach dem Jahr 1945 zu entscheidenden und prägenden Veränderungen in dem Prinzip der Staatsbürgerschaft.

Vor dem Zweiten Weltkrieg hatten die Glieder einer Bevölkerung nur Chancen auf Entfaltung in dem Land, in welches sie hineingeboren wurden. Durch ihre Herkunft waren sie von klein auf automatisch diesem jeweiligen Staat zugehörig. Dies wurde durch eine rechtlich anerkannte Staatsbürgerschaft besiegelt, welche Rechte, Privilegien und Pflichten inne hatte. Die weltweiten Neuerungen bewirkten jedoch, dass die herkömmlichen und klassischen Vorstellungen des nationalen Seins eines Individuums einem völlig unbekannten Konzept wichen. Das bedeutet, dass die Staatsbürgerschaft seit der Nachkriegsära einem tiefgehenden und prägenden Wandel unterlag, welcher die Situation komplett veränderte. Die zwei, sonst miteinander verbundenen, Bestandteile der Staatsbürgerschaft, nämlich die Rechte und Identität einer Person, wurden dabei immer mehr getrennt. Der Zusammenhang zwischen diesen beiden Komponenten war demzufolge kein unbedingtes Kriterium mehr.

Diese Feststellung soll in den nachfolgenden Ausführungen bekräftigt werden. Weiterhin werde ich die vier wichtigsten globalen Entwicklungen in der Nachkriegszeit, deren Folgen und weiterführende Prozesse beschreiben. Als letzten Fakt untersuche ich das Modell der Staatsbürgerschaft vor der radikalen Wende und das Konzept, welches sich durch die globalen Ausdehnungen nach 1945 ergeben hat, im Vergleich. Ein kurzes Fazit wird das ganze Themengebiet noch einmal resümieren.

2. Nationale Staatsbürgerschaft vor dem Wandel

Durch die tief greifenden Entwicklungen in der Geschichte und durch den Verlauf des Zweiten Weltkrieges kam es dazu, dass sich die nationale Staatsbürgerschaft in ihrem System komplett veränderte.

Vor diesen historischen Ereignissen war dieser Fakt jedoch nicht der Fall. Man ging bei der nationalen Staatsbürgerschaft davon aus, dass die Bevölkerungen in den einzelnen Ländern, welche durch nationalstaatliche Grenzen gekennzeichnet waren, durch spezifische Regeln organisiert und formiert waren. Diese Regeln und Grundsätze definierten die so genannte

„nationale Mitgliedschaft" als eine rechtsmäßig anerkannte Grundlage der Zugehörigkeit in den modernen Staaten.

Kurz gefasst kann man also sagen, dass eine nationale Staatsbürgerschaft vor dem Zweiten Weltkrieg auf zwei klar feststehenden Prinzipien basierte. Auf der einen Seite beruhte sie auf dem inneren Zusammenhalt des Territorialstaates und der nationalen Gemeinschaft. Auf der anderen Seite stützte sie sich auf die nationale Zugehörigkeit, welche als eine Quelle verschiedener Rechte und Pflichten, aber auch der kollektiven Identität diente. Man definierte die nationale Staatsbürgerschaft als eine Bevölkerung, welche gemeinsam in einem abgegrenzten Gebiet lebte. Diese dort beheimateten Menschen besaßen jeweils eine Anzahl bestimmter Rechte und Pflichten, durch die es ihnen möglich war, zu leben, zu arbeiten und Entscheidungen zu treffen. Andere Individuen, welche dem Staat nicht angehörten, schloss man auf dieser Grundlage aus. Demnach besaßen sie auch keinerlei Rechte und Pflichten dieses Landes.

3. Globale Entwicklungen

Aufgrund der geschichtlichen Entwicklungen kam es jedoch in der Nachkriegszeit zu entscheidenden und grundlegenden Veränderungen in Europa. Dieser Wandel stellte das, bis jetzt vorherrschende, Prinzip der nationalen Staatsbürgerschaft komplett in Frage. So trugen diese Ereignisse dazu bei, dass es zu einer wichtigen Ausweitung der Mitgliedschaft und Zugehörigkeit kam, das heißt, man ging von nun an über die nationalen Begrenzungen und Territorien hinaus. Aus dem historischen Kontext lassen sich vier globale Entwicklungen herausfiltern, die vor allem herausragend für die gesamte Situation waren.

3.1 Migrationen

Die erste wichtige Entwicklung stellte die Migration dar, das heißt die Arbeitsmärkte wurden internationalisiert. Von nun an konnte man Arbeit auf der ganzen Welt suchen. Daraus resultierten die Migrationsbewegungen, in welchen die Menschen ihre Heimat verließen, um in einem anderen Land Zukunftsperspektiven zu finden. Die Auswanderungen verliefen nach Europa. Die Menschenmassen stammten aus entfernten Ländern, wie zum Beispiel Amerika, oder sie bewegten sich innerhalb der europäischen Länder. Aus diesem Prozess folgte, dass die ethnische und nationale Zusammensetzung in den einzelnen Ländern Europas wesentlicher vielschichtiger und kulturell komplexer wurde. Die Anzahl der Länder, mit ihren verschiedenen Variationen und Kombinationsmöglichkeiten, wuchsen im Laufe der Nachkriegszeit unglaublich stark an. Dadurch kam es dazu, dass man jegliche politische und geographische Entfernungen und Verhältnisse in Frage stellte. Es war also von diesem

Moment an egal, ob sich zum Beispiel Chinesen in Rumänien aufhielten beziehungsweise lebten.

3.2 Entkolonialisierungen

Der zweite entscheidende Prozess war „die massive Entkolonialisierung nach 1945,...".[1] Diese Entwicklung führte zu einer Bewegung der unabhängig gewordenen Staaten auf internationalem Terrain. Dieser Fakt wiederum hatte den Prozess der Bewusstwerdung und Einforderung der Rechte (dieser eigenständigen Länder) innerhalb eines universalistischen Rahmens als Konsequenz. Als parallele Entwicklung kam es zu einer besonderen Ausweitung und Umstrukturierung des globalen Themas der Rechte.

Im Laufe der Jahre wurden die unterschiedlichen, jedoch als gleich angesehenen Kulturen durch transnationale Akteure und Organisationen, wie zum Beispiel der UNO oder der UNESCO, öffentlich anerkannt. Daher entstanden, im Zusammenhang mit individuellen und kollektiven Rechten, so genannte „Neue Soziale Bewegungen". Diese Gruppierungen begannen, die üblichen und bisher bestehenden Vorstellungen über den Begriff der Staatsbürgerschaft in Frage zu stellen. Als völlig neue Tatsache wurden nun eine Vielfalt von bestimmten Kulturen und Identitäten in die Sozialität und die Einrichtung der Staatsbürgerschaft eingegliedert. Beispiele dafür waren unter anderem homosexuelle Männer, lesbische Frauen und die Autorität der Frau im Allgemeinen, Umweltschützer, Immigranten aus fremden Ländern oder auch nicht öffentlich geförderte Bereiche der jugendlichen Kultur.

3.3 " multi – level – politics"

Bei der dritten globalen Entwicklung handelte es sich um die Entstehung von so genannten " multi – level – politics". Das bedeutete im Einzelnen, dass sich die Form der Art und Weise, in welcher bestimmte Ansprüche gestellt, Rechte gefordert oder Identitäten mobilisiert wurden, stark veränderten. Diese "multi – level – politics" ermöglichten neue soziale Bewegungen und die Erweiterung von Forderungen, welche innerhalb beziehungsweise außerhalb nationaler Grenzen gestellt wurden durften. Seitdem vergab die Staatsbürgerschaft der Europäischen Union zum Teil Rechte, welche nicht unbedingt auf

---

[1] Soysal, Yasemin N., 1996: Staatsbürgerschaft im Wandel. Postnationale Mitgliedschaft und Nationalstaat in Europa. In: Berliner Journal für Soziologie 6, S. 182.

einen bestimmten Nationalstaat begrenzt sein mussten. Deshalb zerbrach die thematische Verbindung zwischen einem Staatsbürgerstatus und dem nationalem Territorium.

3.4 globale Instrumente

Die letzte wichtige Entwicklung der Nachkriegszeit war der ansteigende Einfluss des globalen Diskurses und globaler Instrumente auf die unterschiedlichen, variierbaren Rechte. Außerdem wurden die Menschenrechte kodifiziert, das heißt in einem Gesetzbuch schriftlich zusammengefasst. Von nun an wurden sie auf der weltweiten Ebene zu einer organisierten Grundlage rechtlicher, wissenschaftlicher und öffentlicher Vereinbarungen. Den Individuen wurden universelle Rechte zugeschrieben, ohne, dass die nationale Zugehörigkeit eines Landes eine wesentliche Rolle spielte. Die Menschenrechte stellten in zunehmender Form einen Maßstab gesetzlich anerkannten Handelns dar. Weiterhin entwickelte sich eine Sprache, welche die Vormachtstellung inne hatte und mit der man die Ansprüche auf Rechte, egal ob innerhalb oder außerhalb nationaler Zugehörigkeit, ausdrücken konnte.

4. Zwischenzeitliche Entwicklungen

Durch diese vier globalen Entwicklungen in der Nachkriegszeit hatte sich eine komplett neue Grundlage der allgemeinen Rechte hervorgetan. Darauf beruhend weiteten verschiedene politische Gruppen, welche sich gebildet hatten, ihre Rechtsansprüche aus. Gleichzeitig wurden jedoch auch völlig neue und vorher unbekannte Rechte eingeführt. Dazu zählten zum Beispiel die Rechte für Frauen, Kinder, Tiere, gesellschaftliche Minderheiten und Pflanzen. Des Weiteren führten die Festschreibung der Rechte in Gesetzbüchern und das nun vorherrschende weltweit anerkannte Rechtsprinzip zu einer Situationsverbesserung der Immigranten, welche nach Europa gekommen oder innerhalb des Kontinents umgesiedelt waren. Man begann, den jeweiligen Individuenstatus zu betonen, ohne dabei auf die nationale Zugehörigkeit zu achten oder Vorurteile zu haben. Vor allem sorgten nationale Gerichte und transnationale Organisationen, wie zum Beispiel der Europarat oder die Internationale Arbeitsorganisation (ILO), dafür, dass die Ausländeranerkennung wuchs. „Obwohl bis heute ein großer Teil der Immigranten in Europa formal keine Staatsbürger sind, verfügen sie [...] über viele staatsbürgerliche Rechte und Privilegien."[2] Doch auch jetzt verlor der vorherrschende Rang des Nicht – Staatsbürgers nicht ganz an Bedeutung. Aufgrund

---

[2] Soysal, Yasemin N., 1996: Staatsbürgerschaft im Wandel. Postnationale Mitgliedschaft und Nationalstaat in Europa. In: Berliner Journal für Soziologie 6, S. 183.

dessen, gelten heutzutage formell gesehen weit über 15 Millionen Immigranten als „Fremde"
in dem Land, welches sie als ihre neue Heimat bezeichnen.

Für die Einwanderer besitzt der Wunsch nach einer doppelten Staatsbürgerschaft auch noch
in der heutigen Zeit eine enorme Bedeutung. Das heißt sie möchten in das Land
eingegliedert werden, in das sie immigrieren, aber sie möchten auch Teil des Staates
bleiben, aus dem sie herkommen. Auch wenn dieses Bedürfnis nicht in jedem Fall formell
erfüllt werden kann, unterscheidet sich die Situation eines Nicht – Staatsbürgers kaum von
der eines „richtigen" Bürgers. Wenn also eine unbefristete Aufenthaltsgenehmigung vorliegt,
hat der Immigrant die Erlaubnis, über alle bürgerlichen Rechte zu verfügen. Außerdem hat er
Zugriff auf die meisten sozialen Leistungen und ökonomischen Rechte (Bildung,
Gesundheitswesen, usw.).

Der einzige entscheidende Unterschied, welcher zwischen den beiden Staatsbürgervarianten
besteht, ist das nationale Wahlrecht. Immigranten ohne rechtlich anerkannte
Staatsbürgerschaft haben keine Chance, an den Wahlen teilzunehmen. Doch auch in
diesem Bereich wurden in den letzten Jahren schon Verbesserungen getroffen. Das
bedeutet, dass zum Beispiel in Staaten wie Frankreich das kommunale Wahlrecht auch
durch Zugewanderte wahrgenommen werden darf. Letztendlich liegen kaum noch
Differenzen vor, welche einen Nicht – Bürger von einem Bürger unterscheiden.

Gesamt gesehen lässt sich also sagen, dass die Situation der Einwanderer (durch die
Entwicklung der Nachkriegsära bis heute) eine starke und positive Wende genommen hat.
Obwohl er offiziell nicht als „ihr" Staat gilt, stehen sie unter dem Schutz des Landes.
Weiterhin dürfen sie von fast allen Rechten eines normalen Bürgers profitieren.

Wenn man hierbei den Blick auf das vorher existente Prinzip der Staatsbürgerschaft richtet,
sieht man, dass die ganzen oben genannten Punkte in diesem System, eigentlich nur den
Menschen in einer nationalen Gesellschaft zugute kamen. „Fremde" waren davon komplett
ausgeschlossen. Dies beweist ganz deutlich die verbesserte Lebenslage der Immigranten
seit dem Zweiten Weltkrieg.

5. Folgen

Was folgte nun aus den entscheidenden globalen Veränderungen und Entwicklungen für die
Bedeutung und Struktur des Prinzips der Staatsbürgerschaft in Europa? Hier lassen sich
zusammenfassend zwei Punkte nennen.

Der erste Fakt beinhaltet, dass der Nationalstaat als ein territorialer Zusammenschluss „nicht länger die Quelle der Legitimität individueller Rechte ist, ...".[3] Das bedeutet im Einzelnen, dass die institutionelle und normative Grundlage der Staatsbürgerschaft auf eine transnationale Ebene gehoben wurde. Somit wurden die Rechte und Privilegien der Bürger auf eine internationale Spannweite gebracht. Sie gingen also über die Landesgrenzen hinaus, weshalb Immigranten, von diesem Moment an, viele der Bürgerrechte genießen können.

Im zweiten Punkt kann man sagen, dass die gewöhnlichen, jedoch veralteten Vorstellungen einer nationalen Staatsbürgerschaft unpassend geworden sind, um die Tatkraft von Zugehörigkeit beziehungsweise Mitgliedschaft im aktuellen Europa nachzuvollziehen. Es wurden daher komplett neue Ideen und Prinzipien für die Mitgliedschaft der Individuen in einer Gesellschaft verlangt. Verankert wurden Begriffe der Rechte, Teilnahme und Darstellung in einem politischen System.

Man sieht, wie weit sich diese neuen Gedanken von dem „alten" Prinzip der nationalen Staatsbürgerschaft entfernt haben.

6. Zwei Modelle im Vergleich

Die neuen Gedanken und Vorstellungen kennzeichnen die Hervorbringung eines neuen Modells, welches auch postnationales Modell genannt werden kann. Dieses System beruht von nun an auf dem Verständnis persönlicher Rechte. Außerdem ist es nicht mehr an ein spezielles Gebiet gebunden, was bedeutet, dass es auf internationaler Ebene fungiert. Das Modell prägte sich erst in der ersten Hälfte des 20. Jahrhunderts in der Gesellschaft ein und stellt noch immer die Grundlage der Staatsbürgerschaft dar. Zu dem alten, klassischen Modell der nationalen Staatsbürgerschaft bestehen nun drei wesentliche Unterschiede, die im Folgenden erläutert werden müssen.

Der erste Unterschied richtet sich auf die territoriale Dimension der Staatsbürgerschaft, das heißt in welchem Gebiet dieses Prinzip Wirkung hat. Bei dem vorherigen Modell zeigte sich ganz eindeutig ein Zusammenhang zwischen den Individuen und dem Nationalstaat. Es lagen also festgeschriebene Grenzen vor, welche gleichzeitig eine Ausschließung von „Fremden" zur Folge hatten. Weiterhin wurde hierbei die staatliche Herrschaft über die nationale Bevölkerung gezeigt. Das bedeutet, dass der Staat festlegte, wer zugehörig war und welche Rechte und Privilegien man bekam. Daher wurde Menschen, welche nicht dem jeweiligen Land angehörten, jeder Rechtsanspruch untersagt. Es herrschte eine

---

[3] Soysal, Yasemin N, 1996: Staatsbürgerschaft im Wandel. Postnationale Mitgliedschaft und Nationalstaat in Europa. In: Berliner Journal für Soziologie 6, S. 184.

Übereinstimmung von Gebiet und Zugehörigkeit. Im neuen, postnationalen Modell der Staatsbürgerschaft sind die Grenzen jedoch fließend, das heißt man kann nun Rechtsansprüche stellen, ohne dass die nationale Zugehörigkeit eine entscheidende Rolle spielt. Von nun an kann auch ein Großteil der Ausländer die Rechte und Vorteile in einem anderen Land genießen. Somit wurde die klar angenommene Übereinstimmung zwischen einem Land und der Bevölkerung verletzt und aufgehoben. Im Laufe der Zeit zeigt sich nun ein enormes Anwachsen von doppelten Staatsbürgerschaften, was vorher undenkbar war. Schon in vielen Ländern besteht heute die Chance, eine zweite Staatsbürgerschaft zu erwerben. Um dennoch die Begrenzungen etwas deutlich zu machen, versuchen alle Staaten in Europa eine beschränkende Einwanderungspolitik zu betreiben. Zum Beispiel müssen in manchen Ländern Sprach- und Aufnahmetests abgelegt werden, um in das Gebiet immigrieren zu können. Werden die Ansprüche nicht erfüllt, ist das Einwandern nicht möglich.

Eine weitere Abweichung betrifft das Thema der Rechte und Privilegien. Im Speziellen besagt dies, dass es im klassischen Modell eine herkömmliche Gleichheit im Sinne gleicher Staatsbürgerrechte gab. Das heißt jeder nationale Bürger konnte seine Rechte und Privilegien nutzen. Der Situation war also für alle anerkannten Gesellschaftsmitglieder des Landes dieselbe. Im neuen Modell entwickeln sich aber komplett frische und vielfältige Varianten der Zugehörigkeit. Diese Form ist für Europa zu Beginn noch unbekannt, da sie ursprünglich in Weltreichen angewendet wurde. Es kommt zwar zu einer Verbesserung der allgemeinen Lage, jedoch bestehen nun Unterschiede in der Aufteilung von Rechten. Das zeigt sich darin, dass zum Beispiel Immigranten mit unbefristeter Aufenthaltserlaubnis mehr Ansprüche zustehen, als Menschen mit befristeter Genehmigung.

Die letzte Differenz zwischen den beiden Modellen besteht in der Grundlage und der Legitimation der Mitgliedschaft. Im Modell der nationalen Staatsbürgerschaft gab es eine gemeinsame völkische Zugehörigkeit, auf welcher die Mitgliedschaft beruhte. Diese zeigte sich vor allem durch das Ausleben gemeinsamer Kulturen (Religion, Sprache, usw.). Die nationale Zugehörigkeit zu einem Staat wies also das Verfügen über bestimmte Rechte und Privilegien nach. Im postnationalen Modell ist die Nationalität nicht das einzige Kriterium, was eine Mitgliedschaft ausmacht. Hier wird die Angehörigkeit mehr durch den Gedanken der Globalität ausgewiesen und begründet. Der nationale Stand einer Person wird nun durch den universellen, also den allgemeinen Stand eines Menschen ausgetauscht. Parallel werden die universellen Menschenrechte an die Stelle der nationalen Ansprüche gestellt. Die Position des Bürgers als Staatsangehöriger weitet sich nun auf der internationalen Ebene aus. Daraus folgt die Aufhebung der Beschränkung auf ein festgelegtes Land. Die Mitgliedschaft war jetzt also überall auf der Welt möglich.

7. Fazit

An meinen Ausführungen hat sich die Behauptung der Einleitung zum größten Teil bestätigt. Durch die globalen Entwicklungen und somit die Ausweitung der Mitgliedschaft auf internationaler Ebene kam es dazu, dass das Wesen einer Person nicht immer mit den zustehenden Rechten zusammenhängen musste. Jedoch sind die universalistischen Ideen und Konzepte bis heute von der Akzeptanz des jeweiligen Staates abhängig und zur Durchführung an bestimmte Institutionen gebunden. Auch die Begrenzungen werden von manchen europäischen Staaten weiterhin durch Regeln und Einschränkungen betont, welche man beim Einwandern durch Aufnahmeprüfungen durchbrechen muss. Die Nation entscheidet noch immer über die formellen Angelegenheiten eines Bürgers. Wichtig ist hierbei aber zu erwähnen, dass die Staatsbürgerschaft, welche beim klassischen Modell eine Person auswies, nicht mehr das entscheidende Kriterium bei der Vergabe von Rechten ist. Durch das postnationale Modell hat ein Immigrant beziehungsweise Nicht – Staatsbürger in den meisten Fällen genau so die Chance, Rechte und Privilegien zu beanspruchen, wie ein Bürger mit formeller Staatsbürgerschaft. Der einzig erkennbare Unterschied zwischen den beiden bleibt bisher das nationale Wahlrecht, welches die „Zusammensetzung" einer Nation ausmacht. Aber selbst dieser Faktor wurde in den letzten Jahren schon verbessert. In naher Zukunft ist zu erwarten, dass es keine gravierenden Unterschiede mehr zwischen einem Staatsbürger und einem Immigrant geben wird.

Allgemein gesehen, nutzen viele Menschen die Möglichkeit zu mobilisieren, was sich in der fortlaufend wachsenden Tendenz zeigt. Auch die Medien zeigen immer wieder Berichte von Menschen, die ihrem Herkunftsland den Rücken kehren. Das liegt daran, dass ein Nachweis der Staatbürgerschaft nicht immer gleich Mitgliedschaft bedeuten muss. Viele Glieder der Gesellschaft fühlen sich mit dem Land, in welches sie geboren werden, nicht zugehörig und verbunden. Deshalb suchen sie in anderen Nationen, welche sie mehr ansprechen, Zukunftsperspektiven und identifizieren sich mit diesen. Durch die vorherig erläuterten Veränderungen haben die Immigranten eine gute Ausgangslage, um in ihrer neuen „Wahlheimat" wie ein normaler Bürger aufzublühen. Deshalb zählt die Internationalisierung der Staatsbürgerschaft zu einer der wichtigsten soziologischen Prozesse im Wesen der Gesellschaft.

8. Literaturverzeichnis

Soysal, Yasemin Nuhoglu, 1996: Staatsbürgerschaft im Wandel. Postnationale Mitgliedschaft und Nationalstaat in Europa. In: Berliner Journal für Soziologie 6, S. 181 – 189.